초보자를 위한 개 사육 사업 시작 책

무료 돈, 반려견 사업 아이템, 안내견 취급 및 강아지 출산에 대한 브리더 가이드

By 브라이언 마호니

저작권 © 20124 Brian Mahoney
모든 권리 보유.

면책 조항

이 책은 비즈니스 시작을 위한 가이드로 작성되었습니다. 다른 모든 고수익 활동과 마찬가지로 창업에는 어느 정도의 위험이 따릅니다. 이 책은 회계, 법률, 재무 또는 기타 전문적인 조언을 대신할 수 없습니다. 이러한 분야에서 조언이 필요한 경우 전문가의 도움을 받는 것이 좋습니다.

저자는 이 책의 정보를 최대한 정확하게 작성하기 위해 노력했지만 개별 항목의 정확성이나 통화에 대해서는 보장하지 않습니다. 비즈니스와 관련된 법률과 절차는 끊임없이 변화하고 있습니다.

따라서 이 책의 저자인 브라이언 마호니는 어떠한 경우에도 여기에 제공된 정보의 사용과 관련하여 특별, 간접적 또는 결과적 손해 또는 어떠한 손해에 대해서도 책임을 지지 않습니다.

모든 권리 보유

이 책의 어떤 부분도 저자의 서면 허가 없이 어떤 방식으로든 사용하거나 복제할 수 없습니다.

목차

제 1 장 개 사육 개요

2장 개의 생식 및 부양

제 3 장 안내견 사육 가이드

4장 개 사육 용품 및 장비

5장 단계별 비즈니스 시작하기

6장 사업 계획서를 작성하는 가장 좋은 방법

7장 비즈니스 보험

8장 정부 보조금의 금광

9장 크라우드 펀딩을 통한 막대한 현금 확보

10장 10억 명에게 무료로 도달하는 마케팅 방법!

11장 개 사육 웹 리소스 가이드

1장
개 사육
개요

개 사육 개요

개 사육

미국 개 사육자 협회

는 1909 년 9 월에 여러 견종 협회로 시작되었습니다. 초대 회장인 가이 맥코드 씨는 아메리칸 핏불 테리어의 열렬한 애호가이자 브리더였으며 존 P. 콜비 씨와 절친한 친구였습니다. 콜비 씨는 A.D.B.A.의 주축이었으며 콜비 견의 "홈" 등록 사무소라는 자랑을 불러 일으켰습니다. 모든 정회원은 연간 2.50 달러의 회비를 내면 자신의 반려견과 새끼를 등록부에 등록할 수 있었습니다. 배타적인 회원의 아이디어는 점차 모든 순종견의 소유자와 사육자에게 개방된 등록소로 바뀐 것으로 보입니다. 시간이 지남에 따라 협회는 아메리칸 핏불 테리어의 등록에 집중하게 되었습니다.

개 사육 개요

A.D.B.A.는 1951 년 맥코드 씨의 손에서 프랭크 페리스 씨에게로 넘어갔습니다. 그는 아내 플로렌스 콜비(고 존 P. 콜비의 아내)와 함께 제한된 규모로 A.D.B.A 를 계속 운영했지만, A.P.B.T. 품종의 독점적 등록에 더욱 중점을 두었습니다.

1973 년, 랄프 그린우드와 그의 가족은 하워드 하인즐의 추천을 통해 고령으로 은퇴를 앞둔 페리스 씨로부터 A.D.B.A.를 구입했습니다. (하인즐 씨는 프랭크 페리스의 개인적 친구이자 A.D.B.A.의 확고한 지지자였으며, 자신의 개를 A.D.B.A.에만 등록했습니다.) 우리는 종종 프랭크가 살아서 현재 협회의 성장을 목격할 수 있었으면 좋았을 것이라고 생각합니다. 그는 기뻐했을 것입니다.

이 협회는 미국을 비롯한 해외 여러 나라에서 계속 성장하고 있습니다. 는 아메리칸 핏불 테리어의 최대 등록 사무소이며 현재 다른 순종견, 주로 일하는 품종도 등록 받고 있습니다.

2006 년 10 월 27 일부터 등록소는 다른 순종견도 등록할 수 있도록 스터드북을 공개합니다.

개 사육 개요

개 번식이란 무엇인가요?

개 사육은 특정 자질과 특성을 유지하거나 생산하기 위해 선택된 개를 교배하는 행위입니다. 개가 이러한 인간의 개입 없이 번식할 경우 자손의 특성은 자연 선택에 의해 결정되는 반면, '개 사육'은 개 주인이 의도적으로 개를 사육하는 인위적인 개 선발을 구체적으로 말합니다. 의도적으로 개를 짝짓기하여 강아지를 생산하는 사람을 개 사육자라고 합니다. 번식은 유전학 과학에 의존하므로 개 유전학, 건강 및 개에 대한 용도에 대한 지식을 갖춘 브리더는 적합한 개를 번식시키려고 노력합니다.

개 사육 개요

역사

스코틀랜드 파이프의 한 마을에서 3 대에 걸쳐 '웨일즈인'으로 살아가기

인간은 선사 시대부터 서식지 주변에 유용한 동물의 개체수를 유지해 왔습니다. 유용하다고 여겨지는 개는 의도적으로 먹이를 주면서 그렇지 않은 개는 방치하거나 죽여 수천 년에 걸쳐 인간과 특정 유형의 개 사이의 관계를 형성해 왔습니다. 수천 년 동안 길들여진 개는 가축을 지키는 개, 사냥개, 사냥개와 같은 뚜렷한 유형 또는 그룹으로 발전했습니다. 지난 14,000 년 동안 개 사육의 인위적인 선택은 개의 행동, 모양, 크기에 영향을 미쳤습니다.

늑대에서 개가 진화한 것은 어린 시절의 신체적 특징을 그대로 유지하는 네오테니 또는 페이도모피즘 선택의 한 예입니다. 늑대에 비해 많은 성견 품종은 부드러운 복슬복슬한 털, 둥근 몸통, 큰 머리와 눈, 똑바로 서 있지 않고 아래로 늘어진 귀 등 대부분의 어린 포유류가 공유하는 어린 시절의 특성을 유지하고 있으며, 따라서 일반적으로 인간을 포함한 대부분의 성인 포유류로부터 종간 보호 및 양육 행동을 어느 정도 유도하며, 이러한 특성을 "귀엽다" 또는 "매력적"이라고 표현하기도 합니다.

개 사육 개요

이러한 특성은 심지어 성인 암컷 늑대가 새끼 늑대보다 강아지에게 더 방어적으로 행동하도록 유도할 수 있다는 사실도 밝혀졌습니다. 개 네오테니의 예는 더 나아가 다양한 개 품종이 선택된 행동 유형에 따라 다르게 네오테니화된다는 점에서 더욱 심각합니다.

이러한 구별을 유지하기 위해 인간은 의도적으로 특정 특성을 가진 개를 교배하여 자손에게 그러한 특성을 장려해 왔습니다. 이 과정을 통해 수백 종의 개 품종이 개발되었습니다. 처음에는 일하는 개, 나중에는 순종 개를 소유하는 것은 부유한 사람들의 특권이었습니다. 오늘날에는 많은 사람들이 개를 살 수 있는 여유가 생겼습니다. 일부 사육자들은 순종 개를 사육하는 것을 선택했고, 일부 사육자들은 강아지 새끼의 탄생을 AKC(미국 애견 클럽)와 같은 애견 등록부에 기록하는 것을 선호합니다.

이러한 등록소는 개의 혈통에 대한 기록을 유지하며 일반적으로 애견 클럽에 소속되어 있습니다. 정확한 데이터를 유지하는 것은 순종견 사육에 중요합니다. 기록에 액세스하면 브리더는 혈통을 분석하고 특성과 행동을 예측할 수 있습니다.

개 사육 개요

 등록된 순종의 번식에 대한 요건은 품종, 국가, 애견 클럽 및 등록 기관에 따라 다릅니다. "인간에 의한 선택적 교배가 특정 견종의 주둥이를 뭉개고 뇌도 변형시켰다는 연구 결과가 나왔다"는 결론이 내려졌습니다 (Scientific American, 2010). 브리더는 특정 단체의 품종 유지 및 개발 프로그램에 참여하기 위해 해당 단체의 규칙을 준수해야 합니다. 이러한 규칙은 관절 엑스레이, 고관절 인증, 안과 검사 등 개의 건강, 특별 시험 통과 또는 품평회 성적과 같은 작업 자질, 품종 전문가의 견종 평가와 같은 일반적인 체형에 적용될 수 있습니다. 그러나 많은 등록 기관, 특히 북미의 등록 기관은 자질이나 건강이 좋지 않은 개를 배제하는 정책 기관이 아닙니다. 등록소의 주요 기능은 단순히 등록한 부모에게서 태어난 강아지를 등록하는 것입니다.

개 사육 개요

비평

일부 개는 장애나 질병으로 발전할 수 있는 특정 유전적 특성을 가지고 있습니다. 개 고관절 이형성증도 그러한 질환 중 하나입니다. 일부 눈 이상, 일부 심장 질환, 일부 난청의 경우 유전되는 것으로 입증되었습니다. 이러한 질환에 대한 광범위한 연구가 진행되어 왔으며, 일반적으로 품종 클럽과 애견 등록소에서 후원하고, 전문 품종 클럽에서는 해당 품종의 일반적인 유전적 결함에 대한 정보를 제공합니다. 또한 동물 정형외과 재단과 같은 특수 단체에서는 데이터를 수집하여 브리더는 물론 일반 대중에게도 제공합니다. 고관절 이형성증과 같은 질환은 다른 품종보다 일부 품종에 더 큰 영향을 미칠 수 있습니다.

아메리칸켄넬클럽과 같은 일부 등록 단체에서는 특정 유전적 결함이 없다는 기록을 인증이라고 하여 개별 개의 기록에 포함시킬 수 있습니다. 예를 들어, 독일의 독일 셰퍼드 견종 클럽은 고관절 이형성증이 이 견종의 개에게 유전적 결함이 있음을 인정하는 등록 기관입니다.

개 사육 개요

이에 따라 모든 반려견은 고관절 이형성증 유무 평가를 통과해야 자손을 등록할 수 있으며, 그 결과를 개별 반려견의 혈통에 기록합니다.

근친 교배로 인한 반려견의 건강 문제를 다룬 BBC 다큐멘터리 '혈통이 드러난 개들'과 '혈통이 드러난 개들 - 3년 후'가 있습니다. 퍼그 품종과 북경종에서는 호흡 곤란, 닥스훈트 품종에서는 척추 문제, 카발리어 킹 찰스 스패니얼 품종에서는 척수 공동 증과 같은 문제가 발생했습니다.

일부 과학 연구자들은 개 번식을 목적으로 한 인공 번식 기술의 발전이 도움이 될 수 있지만 자연 선택의 원리가 아닌 남용될 경우 '해로운 영향'을 미칠 수 있다고 주장합니다. 이러한 과학자들은 자연 선택에 대한 더 깊은 이해를 통해 개 사육에 있어 보다 자연주의적인 접근이 필요하다고 주장합니다.

개 사육 개요

순종 개

순종견은 일반적으로 혈통이 혈통서에 기록된 현대 개 품종의 개를 말하며, 전국 애견 클럽에 등록되어 있을 수도 있습니다.

순종견은 현대 품종이 아닌 특정 견종과 혈통의 개를 지칭할 때 다른 방식으로 사용될 수도 있습니다. 생물학자 레이몬드 코핑거는 양을 지키는 개가 낳은 새끼 중 흰색 강아지만을 키우고 나머지는 도태시키는 이탈리아 양치기의 예를 들며, 흰색 개를 순종으로 정의합니다. 코퍼는 "순종에 대한 양치기의 정의는 틀린 것이 아니라 단지 내 정의와 다를 뿐"이라고 말합니다. 그러나 일반적인 정의는 현대 품종과 관련된 정의입니다.

등록

순종견은 현대 품종의 혈통을 가진 개입니다. 이러한 개는 품종 클럽에 등록될 수 있습니다. 품종 클럽은 개방형 스터드북 또는 폐쇄형 스터드북일 수 있으며, 이 용어는 두 가지로 해석할 수 있습니다. 일반적으로 품종 클럽은 애견 클럽(AKC, UKC, CKC 등)과도 연계되어 있습니다. 그러나 품종 클럽에 등록된 개는 일반적으로 "등록"이라고 합니다.

개 사육 개요

일부에서는 품종 클럽에 등록된 개에만 이 용어를 사용하기도 하지만, 표준화된 품종 내에서 혈통이 알려진 개를 지칭하는 일반적인 용어로 사용되는 경우가 더 많습니다. 순종견이라고 해서 품질이 우수한 개라는 의미로 해석할 수는 없습니다. 이는 개의 건강, 기질 또는 영리함의 질을 반영하는 것이 아니라 단지 브리더에 따라 알려진 혈통을 가진 개라는 의미일 뿐입니다. 현재 일부 품종 클럽에서는 DNA 검사를 통해 친자 관계를 확인할 수 있지만, 대부분의 경우 모든 품종 클럽에서는 브리더의 말과 선택에 전적으로 의존해야 합니다. 견종 클럽 개념의 초기에는 개 사육이 극도로 부유한 사람들 사이에서만 이루어졌고 그들의 명성이 위태로웠기 때문에 이러한 문제는 문제가 되지 않았습니다. 그러나 현대의 번식 시대에는 DNA가 입증된 순종이고 전국 대회에서 우승한 등록 챔피언이라도 심각한 건강 문제를 일으킬 수 있다는 사실을 인지해야 합니다.

개 사육 개요

폐쇄형 스터드북은 모든 개가 알려져 있고 등록된 조상의 후손임을 요구하기 때문에 시간이 지남에 따라 유전적 변이가 사라지고 품종 식별이 어려워지며, 이는 컨포메이션 쇼 스포츠의 기본이 됩니다. 특정 특성을 강화하기 위해 폐쇄형 혈통 등록부에 등록된 현대의 순종견은 대부분 근친 교배를 통해 유전적 질병에 걸릴 확률이 높습니다.

일부 교배가 허용된다는 의미의 오픈 스터드북은 목양견, 사냥개, 도우미견(사냥개나 가축이 아닌 경찰견, 보조견, 기타 사람과 직접 일하는 개를 의미) 등록에서 종종 사용되며 도그쇼 종목에 종사하지 않는 개의 등록에도 적용됩니다. 다른 품종과의 교배 및 외모를 위한 교배가 아닌 작업 특성을 위한 교배는 더 건강한 개를 낳는 것으로 간주됩니다. 견종의 작업 스타일이나 외모를 선호하기 때문에 특정 견종을 과도하게 사용하면 개방형 스터드북을 사용하든 폐쇄형 스터드북을 사용하든 유전적 다양성이 좁아지게 됩니다.

개 사육 개요

미국 잭 러셀 테리어 클럽은 "근친교배는 해로운 유전자뿐만 아니라 우수한 유전자를 선호한다"고 말합니다. 잭 러셀 테리어와 같은 일부 오픈 스터드북 품종은 근친 교배에 엄격한 제한이 있습니다.

개 교배종

개 교잡종(순종견 두 품종의 1세대 교배종, 개 잡종이라고도 함)은 품종이 아니며 순종으로 간주되지 않지만, 같은 두 품종의 순종견의 교잡종은 순종견 두 품종을 사육할 때 예상되는 것과 유사한 "동일한 자질"을 가질 수 있지만 유전적 변이가 더 큽니다. 그러나 교배종은 진정한 번식(자손이 일관되고 복제 가능하며 예측 가능한 특성을 보인다는 의미)을 하지 않으며, 원래의 두 순종 품종으로 돌아가야만 번식할 수 있습니다.

오픈 스터드북 등록에 등록된 사냥견, 목축견 또는 작업견 품종 중 교배종 개가 해당 품종의 방식으로 일하는 경우 가장 유사한 품종의 개로 등록할 수 있습니다.

개 사육 개요

일부 사냥견, 목축견 또는 작업견 등록소에서는 혼혈견(혈통을 알 수 없는 개)이 올바른 방식으로 일할 경우 해당 품종의 구성원으로 인정하며, 이를 '장점에 따른 등록'이라고 합니다.

혼합 품종

혼혈(유전자를 알 수 없음), 교배(서로 다른 두 가지 순종 품종) 또는 등록되지 않은 순종 애완견의 경우, 어떤 개든 순종으로 인증해주는 소규모 유료 인터넷 등록 업체가 많이 있습니다.

그러나 새로운 품종의 개는 지속적으로 합법적으로 만들어지고 있으며, 새로운 품종 협회 및 품종 클럽을 위한 많은 웹사이트가 새 품종이나 희귀 품종을 합법적으로 등록하고 있습니다. 새로운 품종의 개가 "대부분의 특성이 눈에 띄게 유사"하고 "알려져 있고 지정된 기초 혈통"에서 유래한 것으로 믿을 수 있는 문서가 있는 경우 품종의 구성원으로 간주할 수 있으며, 개별 개가 문서화되어 등록되면 순종이라고 부를 수 있습니다. 품종의 기초 혈통에 대한 문서화만이 개가 품종의 순종인지 아닌지를 결정합니다.

개 사육 개요

쇼독

쇼독이라는 용어는 일반적으로 두 가지 의미로 사용됩니다. 개를 좋아하는 사람들에게 쇼독은 품종에 맞는 뛰어난 순종견이자 외향적이고 에너지가 넘치는 성격을 가진 개를 의미합니다. 도그쇼에 관심이 없는 사람들에게 '쇼독'이라는 용어는 종종 외모가 유일한 특성인 개를 지칭하기 위해 우스갯소리로 사용됩니다. 레이몬드 코퍼는 "최근 순종견에 대한 번식 **열풍**은 심하게 통제 불능 상태"라고 말합니다.

도그쇼(및 관련 스포츠인 어린이와 청소년을 위한 주니어 핸들링)는 계속해서 인기 있는 활동으로, 2006년 크루프트 도그쇼에는 35개국에서 **178**종의 순종견 **24,640** 마리가 출전하여 단일 쇼에만 **143,000**명의 관**중**이 모였습니다. 컨포메이션 도그쇼는 등록된 순종견만 참가할 수 있는 스포츠입니다.

개 사육 개요

건강 문제

유전 질환은 혈통 등록이 폐쇄된 등록견의 경우 특히 문제가 됩니다. 많은 국가 애견 클럽은 특정 유전 질환을 앓고 있거나 앓고 있는 반려견의 등록을 금지하고 있습니다. 가장 흔한 질환으로는 대형견에서 나타나는 고관절 이형성증, 도베르만 핀셔에서 유전되는 혈소판에 영향을 미치는 질환인 폰 빌레브란트병, 샤페이스를 비롯한 여러 견종에서 나타나는 눈꺼풀이 말려 들어가는 엔트로피, 많은 견종에서 유전되는 진행성 망막 위축증, 벨기에 셰퍼드, 저먼 셰퍼드, 코커 스파니엘, 세인트 버나드에서 유전되는 것으로 알려진 난청, 간질 등을 들 수 있습니다. 2008년 BBC는 혈통견의 건강 문제에 관한 다큐멘터리를 방영한 바 있습니다.

개 사육 개요

순종견의 미래

오늘날 존재하는 대부분의 켄넬 클럽 품종은 19세기 후반에 기존의 육상 경주용 품종에서 선택되었습니다. 그러나 지금의 개들은 품종 클럽이 선택한 품종에 맞게 맞춤화되었습니다. 이를 위해서는 선택적 교배와 엄격한 도태가 필요했습니다. 이로 인해 유전적 병목 현상이 발생했고, 일부 사람들은 폐쇄된 견종 도감을 통한 번식이 불가능할 것이라고 생각했습니다. 이에 대한 개선 방안으로 근친교배(스터드북 개방)와 근친교배 측정 및 규제가 제안되었습니다. 일부 브리더들은 자신이 번식하는 개가 너무 많은 다른 개와 교배되지 않도록 주의하여 인기 있는 씨수말로 인해 유전적 풀이 줄어들지 않도록 합니다. 하지만 많은 브리더들은 그저 '종이 붙은' 개 두 마리만 번식하면 된다고 생각하고 있습니다.

하지만 과학은 계속해서 발전하고 있으며, 브리더들은 유전적 질병을 검사할 수 있게 되었습니다. 과거에는 사육자들이 질병에 걸린 동물만 발견할 수 있었다면, 이제는 DNA 검사를 실시하여 질병에 걸린 유전자가 없는 동물만 사육하여 더 강한 품종을 생산할 수 있습니다.

2장
개 생식 및 부양

개 번식과 출산에 관한 종합 가이드에 오신 것을 환영합니다. 성공적인 번식과 출산 경험을 위한 필수 과정과 고려 사항을 안내합니다.

1. 개의 생식 해부학 이해 1.

    수컷 개:
        주요 생식 기관은 정자와 테스토스테론을 생성하는 고환입니다.
        음경에는 교미 중에 부풀어 오르는 선상선이 있어 효과적인 번식을 위한 '결합'을 보장합니다.

    암컷 개:
        주요 기관으로는 난소, 자궁, 질 등이 있습니다.
        암컷은 발정, 발정, 발기, 이완, 마취의 4단계로 구성된 발정 주기(열)를 거칩니다.

2. 발정 주기

    발정(평균 9일):
        외음부 부종과 피가 섞인 분비물.
        암컷은 수컷을 끌어들이지만 수용적이지 않습니다.

    발정(5~13일):
        배란이 일어나고 암컷은 가임력이 있고 수용력이 있습니다.
        분비물이 옅어지고 외음부가 부어 있습니다.

    발정(임신하지 않은 경우 2개월):
        호르몬 수치가 안정화되고 암컷은 더 이상 수유를 하지 않습니다.

무통(4~5개월):
  다음 주기 전 휴식 기간.

3. 짝짓기

자연스러운 짝짓기: 수컷과 암컷 개는 자연스럽게 교미할 수 있습니다. "묶음"은 선상선이 부풀어 오르면서 개를 일시적으로 서로 고정시킬 때 발생합니다.
인공 수정: 자연 교미가 불가능할 때 사용합니다. 수의사가 정자를 채취하여 암컷의 생식 기관에 이식합니다.

4. 임신

임신 기간은 58~68일(평균: 63일)입니다.
임신 징후:
  복부 비대.
  식욕 증가.
  행동 변화(애정 표현이 많아지거나 은둔형 외톨이가 됨).
  유두가 커지고 어두워질 수 있습니다.

수의사 확인:

  초음파(21~25일).
  X-레이(45일째부터 강아지 수를 평가하기 위해).

5. 헬프 준비하기

　　웰핑 박스를 만듭니다:
　　　댐이 편안하게 늘어날 수 있을 만큼 충분히 큽니다.
　　　접근하기 쉽도록 벽은 낮지만 강아지가 들어갈 수 있을 만큼 충분히 높습니다.
　　　부드럽고 깨끗한 침구.

　　보급품 수집:
　　　깨끗한 수건.
　　　가열 패드(낮음으로 설정) 또는 열 램프.
　　　전구 주사기(강아지의 기도를 깨끗이 하기 위해).
　　　일회용 장갑.
　　　멸균 가위와 배꼽 클램프.

　　댐을 모니터링합니다:
　　　마지막 일주일 동안 매일 두 번 직장 온도를 측정하세요. $98\sim99°F$로 떨어지면 24시간 이내에 진통이 시작될 것임을 나타냅니다.

6. 지원 프로세스

1단계: 준비(6~12시간):

　　안절부절못하고, 헐떡이며, 둥지를 틀고, 식욕을 잃습니다.
　　자궁경부가 확장되고 수축이 시작됩니다.

2단계: 배송(6~12시간 이상):

강아지는 약 30~60분 간격으로 태어납니다.
각 강아지는 양막으로 둘러싸여 있는데, 이 양막은 댐이 터져야 합니다.

필요한 경우 지원:

주머니를 부드럽게 부수고 강아지의 코와 입을 깨끗이 닦아주세요.
깨끗한 수건으로 문질러 호흡을 자극하세요.

3단계: 출산 후:

태반은 각 강아지마다 배출됩니다.
태반을 너무 많이 먹으면 배탈이 날 수 있으므로 댐이 너무 많이 먹지 않도록 주의하세요.

7. 사후 관리

댐의 경우:
　감염 징후(악취가 나는 분비물, 발열, 무기력증)가 있는지 모니터링합니다.
　영양가 있는 음식과 신선한 물을 제공하세요.
강아지용:
　따뜻함을 확인합니다(강아지는 초기에는 체온을 조절할 수 없습니다).
　초유 섭취를 위해 강아지마다 처음 2시간 이내에 수유를 하도록 합니다.
　체중 증가를 관찰합니다(매일 체중을 측정하는 것이 좋습니다).

8. 문제 해결

   난산(난산):
      다음과 같은 경우 수의사에게 도움을 요청하세요:
      강아지 없이 진통이 2시간을 초과합니다.
      강아지가 산도에 갇혀 있습니다.
      강아지 없이 녹색 분비물이 나타납니다.

   강아지 문제:
      몸이 약하거나 반응이 없는 강아지에게는 부드러운 자극과 따뜻한 온기가 필요할 수 있습니다.

9. 장기 케어

   강아지들을 일찍 사회화시키고 6~8주에 첫 수의사 방문 일정을 잡아 예방접종과 건강 검진을 받도록 하세요.
   강아지는 3~4주 사이에 서서히 젖을 뗀다.

다음 단계를 따르면 댐과 강아지 모두에게 안전하고 건강한 경험을 제공할 수 있습니다.

신생아 관리와 강아지 건강은 개를 키우는 데 있어 매우 중요한 부분입니다. 다음은 몇 가지 고려 사항입니다:

   신생아 관리:

      온도 조절: 갓 태어난 강아지는 초기에는 체온을 조절할 수 없으므로 분만실을 따뜻하게 유지하세요(약 85~90°F).

      수유: 강아지는 필수 항체를 제공하는 초유를 섭취하기 위해 출생 후 몇 시간 이내에 수유를 해야 합니다.

위생: 감염을 예방하기 위해 분만 부위를 깨끗하고 건조하게 유지하세요.

모니터링: 강아지가 조난, 질병 또는 성장 장애의 징후를 보이는지 모니터링하세요.

강아지 건강 고려 사항:

예방 접종: 수의사가 권장하는 예방접종 일정에 따라 강아지를 일반적인 질병으로부터 보호하세요.

구충: 장내 기생충을 제어하기 위해 강아지를 정기적으로 구충하세요.

영양: 나이와 품종에 맞는 균형 잡힌 식단을 제공하여 성장과 발달을 지원하세요.

사회화: 강아지를 다양한 환경, 사람, 경험에 노출시켜 사회화를 촉진하고 행동 문제를 줄이세요.

건강 검진: 수의사에게 정기적인 건강 검진을 예약하여 건강 문제를 조기에 발견하고 해결하세요.

적절한 신생아 관리를 보장하고 강아지 건강 문제를 해결하는 것은 성공적인 개 사육 사업에 필수적인 건강하고 행복한 개를 키우는 데 기여할 것입니다.

번식 주기 및 짝짓기 절차 준비하기

번식 주기 이해하기:

특정 품종의 번식 주기와 특징에 대해 알아보세요.
개의 발정 주기의 4단계인 발정, 발정, 발기, 발정, 마취에 대해 알아보세요.
암컷 반려견의 행동 변화와 외음부 부종 및 분비물과 같은 신체적 징후 등 준비 상태의 징후를 모니터링하세요.

건강 검진 및 유전자 검사:

두 반려견이 최적의 건강 상태를 유지할 수 있도록 번식 전 수의사 검진 일정을 잡으세요.

유전자 검사를 실시하여 자손에게 유전될 수 있는 잠재적 유전 문제를 파악하세요.

예방 접종을 업데이트하고 두 반려견에게 기생충이나 전염성 질병이 없는지 확인하세요.

번식 계획 만들기:

암컷의 발정 주기(일반적으로 발정 9~14일경)에 따라 이상적인 짝짓기 시기를 계획하세요.

근친 교배를 피하기 위해 반려견의 혈통, 건강 기록, 이전 새끼를 낳은 기록을 보관하세요.

특정 형질을 개선하거나 품종 표준을 충족하는 등의 육종 목표를 정의합니다.

환경 준비하기:

짝짓기 과정을 위해 조용하고 스트레스 없는 공간을 마련하세요.
공간이 깨끗하고 방해 요소나 잠재적 위험이 없는지 확인하세요.
암컷이 짝짓기 후 쉴 수 있는 편안한 공간을 제공하세요.

짝짓기 절차:

통제되고 중립적인 공간에서 개를 소개하여 영역 싸움을 최소화하세요.
특히 5-30분 동안 지속될 수 있는 결합 단계에서 안전과 적절한 결합을 위해 결합 과정을 관찰하세요.
스트레스나 부상을 줄이기 위해 짝짓기 중에 개를 방해하지 마세요.

짝짓기 후 관리:

식욕, 행동 또는 신체 상태의 변화와 같은 임신 징후가 있는지 여성을 모니터링합니다.
초음파 또는 촉진을 통해 임신을 확인하기 위해 후속 동물병원 방문 일정을 잡으세요.
건강한 임신을 위해 여성의 식단과 운동 루틴을 조정하세요.

경험 많은 브리더들의 상세한 조언, 체크리스트, 팁을 수록하여 개 사육 사업을 시작하는 독자들에게 이 장의 가치를 높일 수 있습니다.

3장
가이드
안내견 번식

안내견 사육은 유전학, 기질, 훈련에 대한 깊은 이해가 필요한 목적의식적이고 전문적인 노력입니다. 다음은 책임감 있고 윤리적으로 접근하기 위한 체계적인 가이드입니다:

1. 안내견의 역할 이해하기

안내견은 특정 작업을 수행하여 장애인을 보조합니다. 일반적인 유형은 다음과 같습니다:

시각 장애인을 위한 안내견.
청각 장애가 있는 분들을 위한 보청기.
신체 장애를 위한 이동 보조견.
정신 건강 지원을 위한 정신과 보조견.

각 역할에는 고유한 특성이 필요하며, 사육 프로그램은 적절한 신체적, 행동적 특성을 목표로 해야 합니다.

2. 적합한 품종 선택

특정 품종은 지능, 기질 및 훈련 가능성으로 인해 일반적으로 사용됩니다:

래브라도 리트리버: 친절하고, 적응력이 뛰어나며, 기쁘게 해주고 싶어 합니다.
골든 리트리버: 지능적이고 온순합니다.
저먼 셰퍼드: 충성심이 강하고 훈련이 잘 되어 있습니다.
푸들: 저자극성이며 지능이 높습니다.

선택한 견종은 지원하고자 하는 특정 안내견의 업무와 일치해야 합니다.

3. 번식 재고 평가

번식견은 다음과 같은 자질을 갖추어야 합니다:

건강: 일반적인 유전 질환(예: 고관절 이형성증, 안구 문제, 심장 질환)에 대한 건강 검진을 실시하세요.
안정된 기질: 불안, 공격성 또는 극심한 수줍음이 있는 개는 피하세요.
검증된 혈통: 성공적인 장애인 보조 동물로 활약한 이력이 있는 혈통의 개를 선택하세요.

모든 반려견이 품종 기준을 충족하고 행동 평가를 통과해야 합니다.

4. 기질 테스트

기질 평가를 일찍 시작하세요:

7~8주령에 강아지 적성 검사(PAT): 호기심, 사회적 매력, 소음 민감도, 놀람 반응 등을 측정합니다.
행동 관찰: 회복력, 집중력, 학습 의지가 있는지 살펴봅니다.

5. 훈련 잠재력

목표는 다음과 같은 개를 생산하는 것입니다:

지능: 복잡한 작업에 적응할 수 있는 빠른 학습자.
차분한 태도: 스트레스가 많은 환경에서도 편안함을 유지합니다.
사회화 기술: 사람 및 다른 동물과 잘 상호작용하는 능력.

다양한 환경, 소리, 사람들과의 조기 사회화는 필수입니다.

6. 윤리적 관행 준수

    번식 횟수 제한하기: 사육 동물의 건강을 보호하세요.
    규정 준수하기: 동물 사육에 관한 지역, 주 및 연방법을 확인하세요.
    투명성: 구매자 또는 조직에 완전한 건강 및 혈통 기록을 제공하세요.

7. 트레이너 및 조직과의 파트너

협업이 핵심입니다. 숙련된 트레이너, 수의사, 안내견 단체와 협력하세요:

    강아지가 적합한 훈련 프로그램에 배정되었는지 확인하세요.
    번식 관행을 개선하기 위한 피드백을 얻으세요.

8. 부적합한 개를 위한 계획

모든 강아지가 안내견 기준을 충족하는 것은 아닙니다. 계획을 세우세요:

    사랑스러운 반려동물 가정에 입양하세요.
    대체 역할: 치료 또는 정서적 보조 동물.

9. 평생 교육에 투자

최신 정보를 받아보세요:

    유전학 및 육종학의 발전.
    진화하는 안내견 업무에 대한 요구 사항.
    건강 및 행동 연구.

다음 단계를 따르면 삶을 변화시키는 안내견을 만드는 데 의미 있는 기여를 할 수 있습니다.

4장
개 사육 소모품 & 장비

개 사육 용품 및 장비

펫 엣지

PetEdge 는 미용 용품 및 할인 반려동물 제품을 도매로 제공하는 선도적인 공급업체입니다.

펫 엣지는 카탈로그와 웹사이트를 통해 **12,000** 개 이상의 국내 브랜드 및 독점 펫엣지 브랜드 제품을 제공합니다.

http://goo.gl/R9DDto

밸리벳

처방약, 백신, 기생충 구제, 울타리 자재, 압정, 새 장화 또는 그 사이의 모든 것을 찾고 있다면 **23,000** 개 이상의 제품을 제공하는 **ValleyVet** 보다 더 이상 찾아볼 필요는 없습니다!

https://urlzs.com/hh2ro

개 사육 용품 및 장비

엑소더스 브리더

엑소더스 브리더스는 다음과 같은 생식 용품을 제공합니다.

- 수정 키트
- 채혈 용품
- 개 특급 정액 운송
- 사육장 관리 및 용품
- 배란 키트 및 탐지기
- 모든 플라스틱 멸균 주사기 및 주사바늘
- 강아지 소생술 키트
- 정액 채취 용품
- 정액 동결 관리 용품

그리고 훨씬 더!

https://www.exodusbreeders.com/

개 사육 용품 및 장비

수의사 용품에 대한 모든 것

50,000 개 이상의 제품을 보유하고 있습니다. A to Z 수의사 용품에서 반려견 사육에 필요한 모든 용품을 직접 구매하고 할인 혜택을 누리세요. 양질의 미용 제품, 약품, 침구 및 기타 개집 용품을 저렴하고 편리하게 구입할 수 있습니다.

또한 번식 보조제부터 임신 테스트, 강아지용 백신에 이르기까지 출산 용품에 대한 원스톱 리소스를 제공합니다.

또한 다음을 제공합니다:

- 벼룩 및 진드기 방제 제품
- D-Wormers
- 칼라 및 임대
- 보충제 / 영양 제품
- 교육 보조 도구
- 장난감 및 간식
- ID 시스템

https://urlzs.com/kYMf1

개 사육 용품 및 장비

인정되는 반려견 품종 전체 목록

아메리칸 켄넬 클럽

미국켄넬클럽은 등록부의 무결성을 유지하고 순종견의 스포츠와 품종 및 기능에 맞는 번식을 장려하기 위해 최선을 다하고 있습니다. 1884년에 설립된 AKC®와 그 산하 단체는 가족의 동반자로서 순종견을 옹호하고, 개의 건강과 복지를 증진하며, 모든 개 소유자의 권리를 보호하고 책임감 있는 개 소유를 장려하기 위해 노력합니다.

이 웹 사이트에서 모든 인정된 개 품종 목록을 확인할 수 있습니다:

- 반려견 훈련 제품 및 서비스 받기
- 강아지 찾기
- 신제품 쇼핑하기
- 스포츠 이벤트에 참여하기
- 반려견 등록하기

http://www.akc.org/dog-breeds/

개 사육 용품 및 장비

반려견 훈련 용품

http://www.dog-training.com/

http://www.roverpet.com/

http://www.dogsupplies.com/

http://www.petwholesaler.com/index.php

http://www.happytailsspa.com/

http://www.futurepet.com/

http://www.petmanufacturers.com/

http://www.k9bytesgifts.com/

http://www.kingwholesale.com/

http://www.upco.com/

개 사육 용품 및 장비

인증 프로그램

인증 위원회

전문 개 훈련사

전문 반려견 훈련사 인증 위원회(CCPDT®)는 반려견 훈련 및 행동 전문가를 위한 선도적인 독립 시험 및 인증 기관입니다. 이 단체는 인도적이고 과학에 기반한 개 훈련의 숙련도를 입증하기 위한 엄격한 시험 개발의 글로벌 표준을 정했습니다. 비영리 민간 단체입니다.

http://www.ccpdt.org/

협회

전문 개 훈련사

이제 막 반려견 훈련 경력을 쌓기 시작했든, 노련한 업계 베테랑이든, 반려견을 가족으로 맞이하는 가장 좋은 방법을 고민 중이든, APDT 에서 필요한 조언, 지원, 훈련을 찾을 수 있습니다.

https://apdt.com/join/certification/

5장
단계별 비즈니스 시작하기

비즈니스 시작하기

미국에만 3천만 개가 넘는 재택 기반 비즈니스가 있습니다.

많은 사람들이 재택근무를 통한 독립과 금전적 보상을 꿈꿉니다. 하지만 안타깝게도 분석 마비 때문에 실행에 옮기지 못하는 경우가 많습니다. 이 장은 시작을 위한 로드맵을 제공하기 위해 마련되었습니다. 모든 여정에서 가장 어려운 단계는 첫 번째 단계입니다.

앤서니 로빈스는 퍼스널 파워라는 프로그램을 만들었습니다. 저는 오래 전에 이 프로그램을 공부했는데, 오늘은 실패에 대한 두려움 없이 대규모 행동을 취하도록 동기를 부여하는 방법을 찾아야 한다는 말로 요약해 보겠습니다.

디모데후서 1:7 킹 제임스 버전

"하나님이 우리에게 두려움의 영을 주신 것이 아니요 오직 능력과 사랑과 온전한 마음을 주셨느니라."

비즈니스 시작하기

1 단계 집에 사무실 만들기

돈을 벌고 싶다면 남자 동굴이나 여자 동굴을 다시 만들고 방해받지 않고 비즈니스를 할 수 있는 장소를 만드세요.

2 단계 비즈니스를 위한 시간 예산 책정

이미 직업을 가지고 있거나 자녀가 있다면 자녀가 여러분의 시간을 많이 차지할 수 있습니다. 휴대전화를 시간 도둑으로 삼는 선의의 친구는 말할 것도 없습니다. 비즈니스를 위한 시간을 정하고 그 시간을 지키세요.

3 단계: 비즈니스 유형 결정

딱딱하게 생각할 필요는 없지만, 처음부터 끝까지 내 것으로 시작하세요. 경험이 쌓이면 더 유연해질 수 있습니다.

비즈니스 시작하기

4 단계 비즈니스를 위한 법적 양식

세 가지 기본 법인 형태는 개인 사업자, 파트너십, 법인입니다. 각 형태마다 장점이 있습니다. www.Sba.gov 에서 각각에 대해 자세히 알아보고 결정하세요.

5 단계: 비즈니스 이름 선택 및 등록하기

비즈니스 이름을 선택하는 가장 안전한 방법 중 하나는 자신의 이름을 사용하는 것입니다. 자신의 이름을 사용하면 저작권 침해에 대해 걱정할 필요가 없습니다.

그러나 법적 문제를 다룰 때는 항상 변호사 또는 적절한 법률 기관에 문의하세요.

비즈니스 시작하기

6 단계: 사업 계획서 작성

이것은 당연한 일처럼 보일 수 있습니다. 무엇을 이루고자 하든 청사진이 있어야 합니다. 사업 계획이 있어야 합니다. NFL에서는 매 시즌 약 7명의 감독이 해고됩니다. 경쟁이 치열한 비즈니스에서 감독 경험이 없는 한 남자가 NFL의 필라델피아 이글스에 고용되었습니다. 그의 이름은 앤디 리드였습니다. 앤디 리드는 훗날 팀 역사상 가장 성공적인 코치가 되었습니다. 구단주가 그를 고용한 이유 중 하나는 전화번호부 크기의 사업 계획서가 있었기 때문입니다. 사업 계획이 그렇게 클 필요는 없지만, 가능한 한 많은 것을 계획하면 일이 계획대로 진행되지 않을 때 흔들릴 가능성이 줄어듭니다.

7단계 적절한 라이선스 및 허가

시청에 가서 홈 비즈니스를 시작하기 위해 필요한 사항을 알아보세요.

비즈니스 시작하기

8단계 웹사이트를 만들고, 명함, 문구류, 브로셔를 선택하세요.

이는 비즈니스를 시작할 뿐만 아니라 비즈니스를 홍보하고 네트워크를 구축할 수 있는 가장 저렴한 방법 중 하나입니다.

9단계 비즈니스 당좌 예금 계좌 개설

별도의 비즈니스 계정을 사용하면 수익과 지출을 훨씬 쉽게 추적할 수 있습니다. 직접 세금을 처리하든 전문가를 고용하든 관계없이 유용하게 사용할 수 있습니다.

10 단계 오늘 어떤 조치를 취하세요!

이것은 비즈니스를 시작하기 위한 종합적인 계획이 아닙니다. 시작하기 위한 올바른 방향을 제시하기 위한 것입니다. 중소기업청에서 창업을 위한 많은 무료 리소스를 찾아볼 수 있습니다. 그들은 심지어 무료로 조언을 해줄 많은 은퇴한 전문가들에게 접근할 수 있는 프로그램(SCORE)을 가지고 있습니다! 웹사이트: **www.score.org**

6장
가장 좋은 방법
A를 작성하려면
사업 계획

사업 계획서 작성 방법

수백만 명의 사람들이 돈을 버는 비결이 무엇인지 알고 싶어 합니다. 대부분은 창업이라는 결론에 도달했습니다. 그렇다면 어떻게 사업을 시작할까요? 비즈니스를 시작하기 위해 가장 먼저 해야 할 일은 사업 계획을 세우는 것입니다.

사업 계획은 일련의 비즈니스 목표, 달성 가능하다고 생각되는 이유, 목표 달성을 위한 계획에 대한 공식적인 진술서입니다. 또한 이러한 목표를 달성하려는 조직이나 팀에 대한 배경 정보도 포함될 수 있습니다.

전문 사업 계획서는 **8**가지 부분으로 구성됩니다.

1. 경영진 요약

요약본은 사업 계획에서 매우 중요한 부분입니다. 많은 사람들이 이 부분을 가장 중요하게 생각하는 이유는 현재 비즈니스의 상태와 앞으로 나아가고자 하는 방향, 작성한 사업 계획이 성공할 수 있는 이유를 요약하여 보여주기 때문입니다. 사업을 시작하기 위한 자금을 요청할 때 요약본은 잠재적인 투자자의 관심을 끌 수 있는 기회입니다.

사업 계획서 작성 방법

2. 회사 설명

사업 계획서의 회사 설명 부분에서는 비즈니스의 다양한 측면을 개괄적으로 검토합니다. 이는 독자와 잠재적 투자자가 비즈니스의 목표와 비즈니스를 돋보이게 하는 요소 또는 비즈니스가 충족시킬 고유한 필요를 빠르게 파악하는 데 도움이 되는 간단한 요약에 엘리베이터 피치를 넣는 것과 같습니다.

3. 시장 분석

사업 계획의 시장 분석 부분에서는 해당 산업의 시장과 금전적 잠재력에 대해 자세히 설명해야 합니다. 시장 침투를 위한 논리적 전략과 함께 상세한 조사를 보여 주어야 합니다. 시장 침투를 위해 저렴한 가격 또는 높은 품질을 사용할 것인가요?

4. 조직 및 관리

조직 및 관리 섹션은 시장 분석에 이어서 작성합니다. 사업 계획서의 이 부분에는 회사의 조직 구조, 법인 설립 유형, 소유권, 경영진 및 필요한 경우 이사회를 포함하여 이러한 직책을 맡고 있는 모든 사람의 자격이 포함됩니다.

5. 서비스 또는 제품 라인

사업 계획의 서비스 또는 제품 라인 부분에서는 서비스 또는 제품을 설명할 수 있는 기회를 제공합니다. 제품이나 서비스의 기능보다 고객에게 제공하는 혜택에 초점을 맞추세요. 예를 들어, 에어컨은 차가운 공기를 만들어냅니다. 이 제품의 장점은 차가 막히는 도로에서 운전 중이거나 몸이 아파 요양원에 있는 고객이 더위를 식히고 더 편안하게 지낼 수 있게 해준다는 것입니다. 에어컨은 삶과 죽음의 차이를 의미할 수 있는 필요를 충족시킵니다. 이 섹션을 사용하여 제품 또는 서비스의 가장 중요한 혜택이 무엇이며 어떤 필요를 충족시키는지 설명하세요.

6. 마케팅 및 영업

검증된 마케팅 계획을 세우는 것은 모든 비즈니스의 성공에 필수적인 요소입니다. 오늘날 온라인 판매는 시장을 지배하고 있습니다. 소셜 미디어 계획뿐만 아니라 강력한 인터넷 마케팅 계획을 제시하세요. YouTube 동영상, Facebook 광고, 보도 자료는 모두 인터넷 마케팅 계획의 일부가 될 수 있습니다. 전단지와 명함을 나눠주는 것도 여전히 잠재 고객에게 다가갈 수 있는 효과적인 방법입니다.

사업 계획서에서 이 부분을 사용하여 예상 매출과 그 수치를 도출한 방법을 설명하세요. 매출 수치에 대한 가능한 통계를 얻으려면 유사한 회사를 조사하세요.

7. 펀딩 요청

사업 계획서의 자금 지원 요청 섹션을 작성할 때는 소모품, 건물 공간, 운송, 간접비, 사업 홍보 비용에 대한 자세한 설명과 증빙 서류를 준비해야 합니다.

8. 재무 계획

다음은 사업 계획서 패킷에 포함해야 할 중요한 재무제표 목록입니다.

과거 재무 데이터

과거 재무 데이터는 은행 명세서, 대차 대조표 및 대출을 위한 가능한 담보입니다.

예상 재무 데이터

사업 계획서의 예상 재무 데이터 섹션에는 최소 향후 5년 동안의 전망을 통해 업계 내 잠재적 성장 가능성을 보여 주어야 합니다.

첫해에는 월별 또는 분기별 예측을 할 수 있습니다. 그런 다음 해마다 예측할 수 있습니다.

모든 재무 제표에 대한 비율 및 추세 분석을 포함하세요. 사업 계획의 재무 예상 섹션에 다채로운 그래프를 사용하여 긍정적인 추세를 설명하세요.

사업 계획서 작성 방법

부록

부록은 사업 계획서 본문의 일부가 되어서는 안 됩니다. 부록은 꼭 알아야 할 경우에만 제공해야 합니다. 사업 계획서는 많은 사람이 볼 수 있으며 모든 사람이 특정 정보를 볼 수 있도록 하고 싶지는 않을 것입니다. 대출 기관에서 이러한 정보를 요구할 수 있으므로 만일을 대비하여 부록을 준비해 두어야 합니다.

부록에는 다음이 포함됩니다:

신용 기록(개인 및 비즈니스)

    주요 관리자의 이력서

    제품 사진

    참조 편지

    시장 조사 세부 정보

    관련 잡지 기사 또는 책 참고 자료

    라이선스, 허가 또는 특허

    법률 문서

    임대차 계약서 사본

사업 계획서 작성 방법

건축 허가

계약

변호사 및 회계사를 포함한 비즈니스 컨설턴트 목록

사업 계획을 볼 수 있도록 허용하는 사람을 기록해 두세요.

사모 면책 조항을 포함하세요. 사모 투자 면책 조항은 주로 투자 시 발생할 수 있는 단점에 초점을 맞춘 문서로, 사모 투자 양해각서(PPM)입니다.

7장
비즈니스
보험

비즈니스 보험

모든 비즈니스 문제에 대해서는 변호사와 상담하세요.

1990년대 초, 한 할머니가 앨버커키의 맥도날드 드라이브 스루 창구에서 뜨거운 커피 한 잔을 구입했습니다. 그녀는 커피를 쏟고 3도 화상을 입었습니다. 그녀는 맥도날드를 상대로 소송을 제기했고 승소했습니다. 그녀는 징벌적 손해배상 판결에서 270만 달러를 받았습니다. 판결은 항소되었고 합의금은 약 50만 달러로 추정됩니다. 설탕과 크림을 넣으려다 커피를 무릎에 엎질렀기 때문입니다.

오하이오에 사는 두 남성이 카펫을 깔고 있었습니다. 그들은 옆에 있던 온수기를 켰을 때 3.5갤런 용량의 카펫 접착제 용기에 불이 붙으면서 심한 화상을 입었습니다. 그들은 캔 뒷면의 경고 문구가 불충분하다고 생각했습니다. 그래서 그들은 접착제 제조업체를 상대로 소송을 제기했고 9백만 달러를 배상받았습니다.

오클라호마에 사는 한 여성이 새 위네바고를 구입했습니다. 집으로 운전하는 동안 그녀는 크루즈 컨트롤을 시속 70마일로 설정했습니다. 그런 다음 그녀는 캠핑카 뒷좌석에서 커피나 샌드위치를 만들기 위해 운전석에서 내렸습니다.

비즈니스 보험

차량이 충돌했고 이 여성은 크루즈 컨트롤이 차량을 운전하고 조향하지 않는다는 사실을 알리지 않았다는 이유로 위네바고를 고소했습니다. 그녀는 170만 달러의 배상금을 받았고 회사는 사용 설명서를 다시 작성해야 했습니다.

안타깝게도 세 가지 터무니없는 소송은 모두 현실입니다. 비즈니스를 운영할 계획이라면 어떤 사업체든 전문직 배상책임보험(오류 및 누락(E&O) 보험이라고도 함)으로 자신을 보호하는 것을 고려해야 합니다.

이러한 유형의 보험은 과실 소송 청구로부터 자신을 방어하는 데 드는 비용을 전액 부담하지 않도록 보호하는 데 도움이 됩니다.

오류 및 누락 보험은 일반 책임 보험에서 일반적으로 보장되지 않는 청구로부터 회원님을 보호할 수 있습니다. 이러한 보험은 일반적으로 신체적 상해 또는 재산상의 손해를 보상합니다. 오류 및 누락은 에이전트의 과실, 부정확한 조언 또는 허위 진술과 같은 기타 정신적 고통에 대해 보호할 수 있습니다. 형사 기소는 보장되지 않습니다.

공증인, 부동산 중개인 또는 투자자, 소프트웨어 엔지니어, 변호사, 주택 검사관 웹 사이트 개발자, 조경가 등 전문직 종사자에게는 오류 및 오미션 보험을 권장합니다.

비즈니스 보험

가장 일반적인 오류 및 누락 클레임:

25 신탁 의무 위반

15 계약 위반

14 과실

13 감독 실패

11 부적합

10 기타

비즈니스 보험

오류 및 누락 정책을 구매하기 전에 알아야 하거나 요구해야 하는 사항은 다음과 같습니다.

* 책임 한도는 어떻게 되나요?

* 공제액이란 무엇인가요?

* 공제액 없이 보험사가 먼저 소송을 제기해야 하는 FDD 퍼스트 달러 방어가 포함되나요?

* 종료 보장 또는 연장 보고 보장(은퇴 후에도 지속되는 보험)에 가입되어 있나요?

* 직원을 위한 확장된 보장 범위

* 사이버 배상 책임 보장

* 노동부 신탁 보험 적용 범위

* 파산 보상 범위

실수 및 누락 보험에 가입한 경우 보험이 만료되는 날에 갱신하세요. 보장에 공백이 생기지 않도록 주의해야 하며, 그렇지 않으면 보험이 갱신되지 않을 수 있습니다.

비즈니스 보험

일부 E & O 보험 제공업체:

인슈어온

인슈어온의 중간 실수 및 누락 보험 정책 비용은 연간 약 750 달러 또는 월 약 65 달러입니다. 물론 가격은 비즈니스, 선택한 정책 및 기타 위험 요소에 따라 달라질 수 있습니다.

https://www.insureon.com/home

EOforless

보험, 투자 및 부동산 전문가가 5 분 이내에 저렴한 비용으로 E&O 보험에 가입할 수 있도록 EOforless.com 이 도와드립니다.

https://www.eoforless.com/

비즈니스 보험

CalSurance 어소시에이트

브라운 앤 브라운 프로그램 보험 서비스의 한 사업부인 칼슈랑스 어소시에이츠는 50년 이상 종합 보험 상품, 탁월한 서비스, 검증된 결과를 15만 명 이상의 피보험자에게 제공해온 선도적인 보험 중개업체입니다. 미국 전역과 미국 최대 금융 회사 및 보험 회사를 포함한 여러 산업 분야에 걸쳐 전문가를 제공합니다.

http://www.calsurance.com/csweb/index.aspx

후회보다 안전한 안전

보험은 비즈니스 운영의 숨겨진 비용 중 하나입니다. 여기서는 비즈니스 보험에 대한 몇 가지 회사와 간략한 개요를 소개합니다. 보험 가입을 결정하기 전에 변호사 또는 공인 보험 대리인과 상담하시기 바랍니다. 여러분과 여러분의 비즈니스를 보호하세요. 많은 주에서는 배상책임보험을 요구하지 않습니다. 하지만 일부 합의금에 대한 비용을 생각하면 후회하는 것보다 안전한 것이 낫습니다.

# 8장
정부 보조금의 금광

수상작 작성 방법

보조금 제안서

정부 보조금의 금광

정부 보조금. 많은 사람들이 정부 보조금이 존재하지 않는다고 믿거나 정부 보조금을 받을 수 없을 것이라고 생각합니다.

먼저 한 가지 분명하게 말씀드리겠습니다. 정부 보조금은 여러분의 돈입니다. 정부 자금은 이 나라 거주자가 납부하는 세금에서 나옵니다. 거주하는 주에 따라 거의 모든 것에 세금을 납부합니다....집에 대한 재산세. 자동차에 대한 재산세. 쇼핑몰이나 주유소에서 구입한 물건에 대한 세금. 휘발유, 구입한 음식 등에 대한 세금.

GM, 대형 은행 및 대부분의 미국 기업들과 같은 억만장자 기업들은 주저하지 않고 자신의 몫을 얻으려고 하기 때문에 자선 단체가 아니거나 도움을 요청하기에는 너무 자랑스럽지 않다는 생각을 가지세요!

2,300개가 넘는 연방 정부 지원 프로그램이 있습니다. 일부는 대출이지만 대부분은 공식 보조금과 프로젝트 보조금입니다. 사용 가능한 모든 프로그램을 보려면 다음으로 이동하세요:

https://beta.sam.gov/help/assistance-listing

보조금 제안서 작성

제안서의 기본 구성 요소

탄탄한 제안서 패키지를 만들기 위한 8가지 기본 구성 요소가 있습니다:

1. 제안서 요약;
2. 조직 소개;
3. 문제 진술(또는 요구 사항 평가);
4. 프로젝트 목표;
5. 프로젝트 방법 또는 디자인;
6. 프로젝트 평가;
7. 향후 자금 지원
8. 프로젝트 예산.

보조금 제안서 작성

제안서 요약

제안서 요약은 프로젝트 목표와 목적에 대한 개요입니다. 제안서 요약은 짧고 간결하게 작성하세요. 2~3단락을 넘지 않도록 하세요. 제안서 첫머리에 넣으세요.

소개

보조금 제안서의 소개 부분에서는 귀하와 귀하의 비즈니스를 신뢰할 수 있는 신청자 및 단체로 소개합니다.

신문이나 온라인 기사 등 모든 출처에서 조직의 업적을 강조하세요. 주요 구성원 및 리더의 약력을 포함하세요. 회사의 목표와 철학을 명시하세요.

문제 진술

문제 진술은 해결하고자 하는 문제(노숙자 감소)를 명확히 합니다. 반드시 사실을 사용하세요. 문제 해결을 통해 영향을 받는 사람들이 누구이며 어떻게 혜택을 받을 수 있는지 서술하세요. 문제를 어떻게 해결할 것인지 정확한 방법을 서술하세요.

보조금 제안서 작성

프로젝트 목표

보조금 제안서의 프로젝트 목표 섹션에서는 목표와 원하는 결과에 중점을 둡니다.

모든 **목표**와 이러한 목표를 어떻게 달성할 것인지 명시하세요. 목표를 뒷**받침할** 수 있는 통계가 많을수록 좋습니다. 현실적인 목표를 입력하세요. **목표한** 바를 얼마나 잘 달성했는지에 따라 평가받을 수 있습니다.

프로그램 방법 및 디자인

보조금 제안서의 프로그램 방법 및 설계 섹션은 세부적인 실행 계획입니다.

어떤 리소스를 사용할 것인지.

필요한 직원 수

시스템 개발.

프로젝트 기능의 순서도를 만듭니다.

무엇을 달성할 수 있는지 설명하세요.

달성할목표에 대한 증거를 제시하세요.

프로그램 디자인 다이어그램을 만듭니다.

보조금 제안서 작성

평가

제품 평가와 프로세스 평가가 있습니다. 제품 평가는 프로젝트와 관련된 결과와 프로젝트가 목표를 얼마나 잘 달성했는지를 다룹니다.

프로세스 평가는 프로젝트가 어떻게 진행되었는지, 원래의 계획과 어떻게 일치했는지, 계획의 여러 측면의 전반적인 효과에 대해 다룹니다.

평가는 프로젝트 진행 중 또는 프로젝트 종료 시 언제든지 시작할 수 있습니다. 프로젝트 시작 시 평가 설계를 제출하는 것이 좋습니다.

프로그램 전과 프로그램 중에 설득력 있는 데이터를 수집했다면 더 좋아 보입니다.

평가 설계가 처음에 제시되지 않으면 프로그램 설계에 대한 비판적 검토를 유도할 수 있습니다.

향후 펀딩

보조금 제안서의 미래 기금 부분에는 보조금 기간 이후의 장기 프로젝트 계획이 있어야 합니다.

보조금 제안서 작성

예산

공과금, 대여 장비, 인건비, 급여, 식비, 교통비, 전화 요금, 보험료 등은 예산에 포함해야 할 항목 중 일부에 불과합니다.

잘 짜여진 예산은 한 푼도 허투루 쓰지 않습니다.

정부 보조금에 대한 전체 가이드는 Google 에서 확인하세요.

연방 가정 지원 카탈로그. 카탈로그의 전체 PDF 버전을 다운로드할 수 있습니다.

기타 정부 지원금 출처

정부로부터 일반 중소기업 대출을 받을 수 있습니다. 자세한 내용은 중소기업청으로 이동하세요.

SBA 소액 대출 프로그램

소액 대출 프로그램은 최대 5만 달러까지 대출을 제공하며 평균 대출 금액은 1만 3,000 달러입니다.

https://www.sba.gov/

보조금 제안서 작성

최근 억만장자 엘론 머스크는 49억 달러의 정부 보조금을 받았습니다. 정부 지원을 받는 것이 망설여진다면 이 사실을 기억하세요. 세금을 거의 내지 않는 억만장자가 수십억 달러의 세금을 지원받았습니다.

정부 보조금은 실재합니다. 다른 모든 가치 있는 일과 마찬가지로 보조금을 받기 위해서는 노력과 자격 요건을 충족해야 합니다.

9장
엄청난 현금
에서
크라우드 펀딩

크라우드 펀딩 크라우드 소싱

2015 년에는 크라우드 펀딩으로 340 억 달러가 넘는 금액이 모금되었습니다. 크라우드 펀딩과 크라우드 소싱은 2005 년에 시작되었으며, 주로 인터넷을 통해 많은 사람들로부터 자금을 조달하여 프로젝트에 자금을 지원하거나 자금을 조달하는 데 도움을 줍니다.

이러한 유형의 모금 또는 벤처 캐피털에는 일반적으로 세 가지 구성 요소가 있습니다. 자금이 필요한 프로젝트가 있는 개인이나 단체, 프로젝트에 기부하는 사람들의 그룹, 그리고 이 둘을 하나로 묶는 구조나 규칙을 설정하는 조직이 있습니다.

이러한 웹사이트는 수수료를 부과합니다. 성공에 대한 표준 수수료는 약 %5 입니다. 목표를 달성하지 못하면 수수료도 부과됩니다.

아래는 저와 Entrepreneur 매거진의 기고가인 Sally Outlaw 가 선정한 최고의 크라우드 펀딩 웹사이트 목록입니다.

크라우드 펀딩 크라우드 소싱

https://www.indiegogo.com/

영화 제작을 위한 플랫폼으로 시작하여 이제는 모든 대의를 위한 기금 모금에 도움을 주고 있습니다.

http://rockethub.com/

예술을 위한 플랫폼으로 시작하여 현재는 비즈니스, 과학, 사회 프로젝트 및 교육을 위한 기금 모금에 도움을 주고 있습니다.

http://peerbackers.com/

피어백커스는 비즈니스, 기업가, 혁신가를 위한 자금 조달에 중점을 두고 있습니다.

https://www.kickstarter.com/

모든 크라우드 펀딩 웹사이트 중 가장 인기 있고 잘 알려진 사이트입니다. 킥스타터는 영화, 음악, 기술, 게임, 디자인 및 창작 예술에 중점을 두고 있습니다. 킥스타터는 미국, 캐나다, 영국에서만 프로젝트를 접수합니다.

크라우드 펀딩 크라우드 소싱

그룹 **Growvc**

http://group.growvc.com/

이 웹사이트는 비즈니스 및 기술 혁신을 위한 웹사이트입니다.

https://microventures.com/

엔젤 투자자를 만나보세요. 이 웹사이트는 스타트업을 위한 웹사이트입니다.

https://angel.co/

비즈니스 스타트업을 위한 또 다른 웹사이트입니다.

https://circleup.com/

서클업은 혁신적인 소비자 기업을 위한 서비스입니다.

https://www.patreon.com/

YouTube 채널을 시작하면(적극 권장) 이 웹사이트에 대해 자주 접하게 될 것입니다. 이 웹사이트는 크리에이티브 콘텐츠 제작자를 위한 웹사이트입니다.

크라우드 펀딩 크라우드 소싱

https://www.crowdrise.com/

"영감을 주는 대의를 위해 모금하세요."
랜딩 페이지 슬로건은 그 자체로 의미가 있습니다. #개인을 위한 최고의 모금 웹사이트.

https://www.gofundme.com/

이 모금 웹사이트에서는 비즈니스, 자선, 교육, 긴급 상황, 스포츠, 의료, 추모, 동물, 신앙, 가족, 신혼부부 등을 위한 모금 활동을 할 수 있습니다.

https://www.youcaring.com/

무료 모금의 선두주자. 4억 달러 이상 모금.

https://fundrazr.com/

FundRazr는 수상 경력에 빛나는 온라인 모금 플랫폼으로, 수천 명의 개인과 단체가 관심 있는 대의를 위해
 모금하는데 도움을 주었습니다.

10장 10억 명에게 무료로 도달하는 마케팅 방법!

10억 명에게 무료로 도달하는 방법!

커피숍 비즈니스의 성공을 위해서는 마케팅이 필수적입니다. 오늘날의 비즈니스 환경에서는 마케팅에 많은 비용이 들지 않아도 됩니다. 소셜 미디어와 Google, YouTube 와 같은 대형 검색 엔진을 활용하면 큰 비용을 들이지 않고도 수백만 명의 사람들에게 비즈니스를 알릴 수 있습니다.

제로 비용 마케팅

마케팅 방법에는 여러 가지가 있지만 저희는 제로 코스트 마케팅에만 집중할 것입니다. 여러분은 지금 시작하고 있습니다. 비즈니스가 수익을 창출한 후에는 언제든지 더 비싼 마케팅 방법을 선택할 수 있습니다.

무료 웹 호스팅

무료 웹사이트 만들기. weebly.com 또는 wix.com 에서 무료 웹사이트를 만들 수 있습니다. 또는 구글, 빙 또는 야후 검색 엔진에 "무료 웹 호스팅"을 입력하세요.

무료 웹 호스팅은 다양한 이유로 사용할 수 있는 서비스입니다. 하지만 많은 무료 웹 호스팅 사이트는 웹 주소 이름에 확장자를 추가하여 모든 사람이 서비스를 사용하고 있음을 알 수 있도록 합니다. 이러한 이유로 수입이 생기기 시작하면 결국 규모를 늘리고 싶어집니다.

10억 명에게 무료로 도달하는 방법!

저렴한 유료 웹 호스팅

무료도 좋지만 비즈니스를 확장해야 할 때는 유료 웹 호스팅 서비스를 이용하는 것이 가장 좋습니다. 한 달에 10달러 미만으로 좋은 가치를 제공하는 서비스가 몇 가지 있습니다.

1. 야후 스몰 비즈니스
2. Intuit.com
3. ipage.com
4. Hostgator.com
5. Godaddy.com

야후 스몰비즈니스는 웹페이지를 무제한으로 사용할 수 있고 전반적으로 가장 좋은 서비스이지만, 선불로 1년치를 결제해야 합니다. Intuit은 월별 결제가 가능합니다.

웹사이트에서 무료 전자상거래를 사용하려면 Paypal 계정을 개설하고 결제 버튼용 HTML 코드를 무료로 받습니다. 그런 다음 해당 버튼을 웹사이트에 배치하세요.

10억 명에게 무료로 도달하는 방법!

1단계 제로 비용 인터넷 마케팅

이제 웹사이트를 운영 중이므로 상위 3개 이상의 검색 엔진에 등록해야 합니다. 1. Google 2. Bing 3. Yahoo.

2단계 제로 비용 인터넷 마케팅

보도 자료를 작성하여 제출합니다. 무료로 보도 자료를 작성할 수 있는 보도 자료 사이트를 찾으려면 구글 '무료 보도 자료 사이트'를 검색하세요. 보도 자료를 작성하는 방법을 모르는 경우 www.fiverr.com 로 이동하여 단 5달러에 작업을 하청하세요 !!!

3단계 제로 비용 인터넷 마케팅

ezinearticles.com 과 같은 기사 마케팅 웹사이트에 기사를 작성하여 제출합니다.

4단계 제로 비용 인터넷 마케팅

동영상을 만들어 dailymotion.com 또는 **youtube.com** 과 같은 동영상 공유 사이트에 제출합니다. 동영상 설명에 웹사이트로 연결되는 하이퍼링크를 포함해야 합니다.

5단계 제로 비용 인터넷 마케팅

dmoz.org 에 웹사이트를 제출합니다. 이것은 많은 소규모 검색 엔진이 데이터베이스용 웹사이트를 얻기 위해 방문하는 거대한 개방형 디렉토리입니다.

10억 명에게 무료로 도달하는 방법!

YouTube 사용자 수는 10억 명이 넘습니다. 이미 YouTube 채널이 있고 동영상 제작에 능숙할 수도 있습니다. 그러나 동영상을 제작하고 YouTube 에 업로드하는 데 익숙하지 않은 경우 다음 웹사이트를 방문하면 됩니다 (....).

fiverr

https://www.fiverr.com/

https://goo.gl/R9x7NU

https://goo.gl/B7uF4L

https://goo.gl/YZ6VdS

https://goo.gl/RoPurV

fiverr 에서는 단 5달러로 쉽고 빠르게 YouTube 동영상을 제작할 수 있습니다.
(현재 1달러의 서비스 수수료가 부과됩니다.)

따라서 영화 티켓 한 장보다 저렴한 비용으로 부동산 또는 비즈니스 광고를 24시간 연중무휴로 운영할 수 있습니다.

동영상이 업로드되면 사람들이 동영상을 보도록 유도하는 방법을 알아야 합니다. 이것이 바로 SEO 검색 엔진 최적화가 필요한 이유입니다.

10억 명에게 무료로 도달하는 방법!

동영상 보기

YouTube는 시청자가 취하는 모든 상호 작용을 읽습니다. 를 표시하는 것은 동영상이 흥미롭다는 신호입니다. 따라서 좋아요 또는 좋아요를 누르면 동영상의 순위가 높아집니다.

시청자 댓글은 검색 순위에서 동영상의 순위를 높일 수 있습니다. 따라서 시청자가 댓글을 남기도록 유도하는 한 가지 팁은 '(주제 삽입)에 대해 어떻게 생각하는지 궁금합니다'라고 말하는 것입니다. 시청자 댓글을 받는 또 다른 방법은 총기 규제법, 인종 관계, 낙태권 또는 기타 논란이 되는 주제에 대한 동영상을 만드는 것입니다.

YouTube는 동영상을 업로드할 때마다 모든 구독자에게 알림을 보낼 수 있습니다. 따라서 구독자가 많을수록 동영상의 조회수가 높아질 가능성이 높아지고 조회수는 YouTube 검색 결과에서 동영상의 순위를 높이는 데 도움이 됩니다.

시청자가 소셜 미디어 페이지로 연결되는 링크를 공유하도록 유도하는 것이 동영상이 입소문을 타는 비결입니다. 훌륭하거나 재미있는 콘텐츠가 핵심입니다. 시청자에게 단순히 공유를 요청하는 것도 나쁘지 않습니다.

모든 동영상에서 동일한 내용을 말하는 대신 '닫기' 동영상을 만들어 YouTube에 업로드할 수 있습니다. 그런 다음 YouTube 편집기를 사용하여 업로드하는 모든 동영상에 추가할 수 있습니다.

10억 명에게 무료로 도달하는 방법!

검색 엔진 최적화(SEO)는 동영상으로 트래픽을 유도하는 데 사용되는 기술을 가리키는 용어입니다. 많은 사람들이 동영상으로 트래픽을 유도하기 위해 YouTube 규칙에 위배되는 전략을 사용합니다. 이를 '블랙 햇'이라고 합니다. 동영상 조회수를 구매할 수 있는 웹 사이트는 많이 있습니다. 비윤리적인 수법은 피하는 것이 좋습니다. 유기적으로 조회수를 확보하세요.

정기적으로 이메일을 주고받는 모든 사람에게 링크를 통해 동영상을 전송하여 트래픽이 많은 동영상으로 시작할 수 있습니다.

Google 키워드 도구

Google 키워드 도구를 사용하여 SEO 를 시작합니다. 다음으로 이동합니다.

https://adwords.google.com/KeywordPlanner

여기에서 루트 키워드 또는 키워드 구문을 입력합니다. 그러면 Google 은 원래 키워드 또는 구문과 관련이 있다고 생각되는 약 700~1200 개의 결과를 제공합니다. 동영상 순위를 높이려면 동영상에 적합한 키워드를 선택하는 것이 중요합니다.

10억 명에게 무료로 도달하는 방법!

키워드 선택 방법

700개의 결과가 나오면 관련성별로 결과를 정렬할 수 있습니다. 이렇게 하면 입력한 원래 키워드 또는 구문에 대한 순위를 높일 수 있는 가능성이 높아집니다.

경쟁사별로 결과를 정렬할 수 있습니다. 경쟁이 낮은 키워드 또는 구문을 선택하여 순위에 오를 가능성을 높일 수 있습니다. 경쟁이 낮은 키워드는 일반적으로 '월별' 검색 횟수가 적지만, 여러 개의 키워드를 조합하여 순위를 매기는 것이 하나의 키워드만 순위에 올리는 것보다 더 나은 경우도 있습니다.

기사 마케팅

Ezine Articles 는 인터넷에서 최고의 기사 마케팅 사이트 중 하나입니다. http://ezinearticles.com/ 에서 무료로 가입할 수 있습니다. 사이트에 가입하면 YouTube 동영상과 관련된 기사를 이 웹사이트에 업로드할 수 있습니다. Ezine 을 사용하면 기사에 링크를 넣을 수 있습니다. 이 링크는 YouTube 트래픽으로 돌아가 조회수를 크게 늘릴 수 있습니다.

기사를 작성할 때는 가능한 한 YouTube 동영상과 일치하도록 노력해야 합니다. 가능한 한 동일한 헤드라인, 제목 및 설명을 사용하세요. YouTube 와 Google 은 관련성을 좋아합니다.

10억 명에게 무료로 도달하는 방법!

글의 길이는 700~800 단어 사이여야 합니다. 이는 많은 블로그에서 선호하는 크기입니다. Ezine 기사에 글을 업로드하면 전 세계 모든 웹 사이트에서 글을 가져올 수 있습니다. 마케팅 사진에 관한 기사를 전 세계 800개에 가까운 블로그에서 채택한 적이 있습니다. 그 중 많은 블로그가 기사에 포함된 링크를 남겼고, 그 덕분에 제 동영상이나 웹사이트로 수많은 트래픽이 유입될 수 있었습니다. 모든 블로그가 윤리적인 것은 아니며 많은 블로그가 웹사이트의 트래픽을 유지하기 위해 내 링크를 삭제합니다. 또한 많은 블로그가 내 링크를 자신의 링크로 대체합니다. 시도해 보기 전까지는 알 수 없습니다.

보도 자료

동영상 트래픽을 늘리는 가장 강력한 방법 중 하나는 보도 자료를 작성하여 제출하는 것입니다. 보도 자료를 작성해 본 적이 없더라도 겁내지 마세요. www.fiverr.com 웹사이트를 방문하면 단 5달러로 보도 자료를 작성할 수 있습니다!

보도 자료를 직접 작성하고 싶다면 다음 팁을 참고하세요.

기본 형식은 한 페이지에 3단락으로 즉시 공개하는 것입니다. 휴일과 같이 편집자에게 릴리스를 늦추도록 요청할 수 있는 날짜가 아니라면 예외입니다.

10억 명에게 무료로 도달하는 방법!

헤드라인은 주의를 끌 수 있어야 합니다. 편집자의 관심을 끌지 못하면 나머지 보도 자료는 읽히지 않습니다. 보도 자료 웹사이트로 이동하여 이미 발행된 보도 자료를 살펴보고 헤드라인과 적절한 형식을 연구하세요.

헤드라인을 작성한 후에는 3개의 단락을 작성합니다. 첫 번째 단락은 스토리의 내용을 간략하게 요약한 것입니다. "하지만 할 이야기가 너무 많아서 짧은 단락으로 요약할 수 없습니다." 혁명 전쟁에는 엄청난 이야기가 있습니다. 2시간짜리 영화도 제작되었을 정도입니다. 다음은 그 사건에 대한 두 문장짜리 설명입니다. 미래의 미국 식민지들이 영국과 싸웠습니다. 식민지가 승리했습니다!

두 번째 단락은 스토리를 설명하는 문단입니다. 뉴스 기사 형식으로 작성하세요. 보도 자료에서 판매를 시도하지 마세요. 엔터테인먼트 쇼는 유명인을 섭외하여 짧은 테이크를 한 다음 제품이나 대의명분에 대한 홍보나 플러그로 인터뷰를 끝내는 데 능숙합니다.

세 번째 문단은 여러분의 행동을 촉구하는 문구입니다. "다음 피해자를 돕는 방법에 대한 자세한 내용은 다음을 참조하세요.
555-1212로 전화하거나 이 링크를 클릭하세요."

대부분의 보도 자료 웹사이트에서는 보도 자료에 링크를 하나 이상 포함할 수 있습니다.

10억 명에게 무료로 도달하는 방법!

다음은 무료 보도 자료 웹사이트 상위 5곳의 목록입니다:

인기 무료 보도 자료 웹사이트

https://www.prlog.org

https://www.pr.com

https://www.pr-inside.com

https://www.newswire.com

https://www.OnlinePRNews.com

10억 명에게 무료로 도달하는 방법!

소셜 미디어 웹사이트

YouTube 에 동영상을 업로드할 때는 댓글을 달고 내 동영상에 좋아요를 눌러야 합니다. 내 동영상에 좋아요를 누르면 YouTube 에서 동영상을 강력한 소셜 미디어 웹사이트에 연결할 수 있는 옵션을 제공합니다. 따라서 동영상을 업로드하기 전에 이러한 웹사이트에 가입해야 합니다. 다음은 가입해야 하는 소셜 미디어 웹사이트 목록입니다. 이러한 웹사이트에 동영상을 연결하면 높은 평가를 받은 웹사이트에 대한 백링크가 생성되며, 이는 YouTube 및 Google 알고리즘에 관련성이 높고 가장 인기 있는 동영상으로 간주되는 동영상이 무엇인지 고려합니다.

소셜 미디어 웹사이트

https://www.facebook.com

https://www.tumbler.com

https://www.pinterest.com

https://www.reddit.com

https://www.linkedin.com/

http://digg.com/

https://twitter.com

https://plus.google.com/

10억 명에게 무료로 도달하는 방법!

마지막으로, 오늘날 가장 성공적으로 사용되고 있는 마케팅 방법 중 하나는 '퍼미션 마케팅'입니다. 이는 잠재 고객이 이메일 주소를 제공하도록 유도하여 마케팅에 대한 권한을 부여하는 방법입니다.

마케팅 자동화 플랫폼과 이메일 마케팅 서비스가 필요합니다. 이러한 회사는 이메일을 저장하고 발송합니다.

가장 인기 있는 이메일 저장소 자동 응답 업체로는 Getresponse, MailChimp, Aweber 가 있습니다.

이메일 목록을 작성하고 이메일을 보내려면 일반적으로 이메일 주소와 교환하여 무료 제품, 보고서 또는 예약을 제공해야 합니다. 그런 다음 이메일 주소를 캡처하고 저장하는 웹 페이지로 리스트를 전송합니다.

11장
개 사육 웹 리소스 가이드

웹 도매 리소스 롤로덱스

이 책이 작성된 시점을 기준으로 아래 회사들은 모두 웹사이트가 정상적으로 운영되고 있습니다. 때때로 회사는 폐업하거나 웹 주소를 변경합니다. 따라서 한 가지 소스만 제공하는 대신 선택할 수 있는 다양한 소스를 제공합니다.

개 사육 용품

http://goo.gl/R9DDto

http://www.valleyvet.com/c/pet-supplies/dog-breeding-supplies.html

http://www.breederssupply.com/

http://www.atozvetsupply.com/Breeder-supplies-s/20.htm

https://www.exodusbreeders.com/

조직

http://www.adbadogs.com/p_home.asp

http://www.arba.org/

http://www.iwdba.org/

인정되는 반려견 품종 전체 목록

http://www.akc.org/dog-breeds/

반려견 훈련 용품

http://www.dog-training.com/

http://www.roverpet.com/

http://www.dogsupplies.com/

http://www.petwholesaler.com/index.php

http://www.happytailsspa.com/

http://www.futurepet.com/

http://www.petmanufacturers.com/

http://www.k9bytesgifts.com/

http://www.kingwholesale.com/

http://www.upco.com/

인증 프로그램

http://www.ccpdt.org/

https://apdt.com/join/certification/

반려견 정보
www.rainbowridgekennels.com

교통
중고 트럭/자동차 온라인

http://gsaauctions.gov/gsaauctions/gsaauctions/

http://www.ebay.com/motors

http://www.uhaul.com/TruckSales/

http://www.usedtrucks.ryder.com/vehicle/VehicleSearch.aspx?VehicleTypeId=1&VehicleGroupId=3

http://www.penskeusedtrucks.com/truck-types/light-and-medium-duty/

부품

http://www.truckchamp.com/

http://www.autopartswarehouse.com/

자전거 및 오토바이

http://gsaauctions.gov/gsaauctions/aucindx/

http://www.bikesdirect.com/products/used-bikes/?gclid=CLCF0vaDm7kCFYtDMgodzW0AXQ

http://www.overstock.com/Sports-Toys/Cycling/450/cat.html

http://www.nashbar.com/bikes/TopCategories_10053_10052_-1

http://www.bti-usa.com/

http://evosales.com/

컴퓨터/사무기기

http://www.wtsmedia.com/

http://www.laptopplaza.com/

http://www.outletpc.com/

컴퓨터 도구 키트

http://www.dhgate.com/wholesale/computer+repair+tools.html

http://www.aliexpress.com/wholesale/wholesale-repair-computer-tool.html

http://wholesalecomputercables.com/Computer-수리 도구 키트/M/B00006OXGZ.htm

http://www.amazon.com/Wholesale-Computer-Repair-Screwdriver-Insert/dp/B009KV1MM0

http://www.tigerdirect.com/applications/category/category_tlc.asp?CatId=47&name=Computer%20Tools

컴퓨터 부품

http://www.laptopuniverse.com/

http://www.sabcal.com/

기타

http://www.nearbyexpress.com/

http://www.commercialbargains.co

 http://www.getpaid2workfromhome.com

http://www.boyerblog.com/success-tools

미국 상품 청산인

http://www.amlinc.com/

마감 클럽

http://www.thecloseoutclub.com/

RJ 할인 판매

http://www.rjsks.com/

세인트루이스 도매

http://www.stlouiswholesale.com/

전자제품 도매

http://www.weisd.com/

ana 도매

http://www.anawholesale.com/

사무실 도매

http://www.1-computerdesks.com/

1AAA 도매 상품

http://www.1aaawholesalemerchandise.com/

큰 로트 도매

http://www.biglotswholesale.com/

더 많은 비즈니스 리소스

1. http://www.sba.gov/content/starting-green-business

홈 기반 비즈니스

2. http://www.sba.gov/content/home-based-business

3. 온라인 비즈니스

http://www.sba.gov/content/setting-online-business

4. 자영업자 및 독립 계약자

http://www.sba.gov/content/self-employed-independent-contractors

5. 소수 민족 소유 기업

http://www.sba.gov/content/minority-owned-businesses

6. 베테랑 소유 기업

http://www.sba.gov/content/veteran-service-disabled-veteran-owned

7. 여성 소유 기업

http://www.sba.gov/content/women-owned-businesses

8. 장애인

http://www.sba.gov/content/people-with-disabilities

9. 젊은 기업가

http://www.sba.gov/content/young-entrepreneurs

마지막으로, 이 책이 재미있었다면 시간을 내어 아마존에 리뷰를 게시하고 의견을 공유해 주세요. 정말 감사하겠습니다!

감사합니다,

브라이언 마호니

다음에도 관심이 있을 수 있습니다:

소규모 비즈니스 스타트업을 위한 자금 조달 방법:
크라우드 펀딩, 정부 보조금 및 정부 대출을 통해 막대한 자금을 얻는 방법

By 램지 콜웰

How To Get Money for Small Business Start Up

How to Get Massive Money from Crowdfunding, Government Grants and Government Loans

Ramsey Colwell

By 램지 콜웰

www.ingramcontent.com/pod-product-compliance
Lightning Source LLC
LaVergne TN
LVHW012028060526
838201LV00061B/4508